Viser vert

J'économise l'énergie

P9-DDA-970

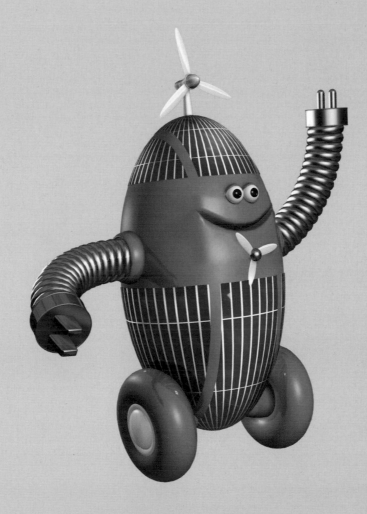

Neil Morris

Texte français de Claude Cossette

Éditions SCHOLASTIC

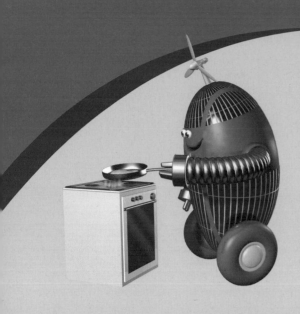

Références photographiques (PC = page couverture; h = haut; b = bas; g = gauche; d = droite)

Corbis Tom et Dee Ann McCarthy 9 b

Dreamstime 12 h

Istockphoto 11,13, 15 et 19

Shutterstock Losevsky Pavel 2, Oguz Aral 4 d, Viktor Gmyria 4 g, pixelman 6 h, Victoria Alexandrova 7 et 8, Christopher Elwell 9 h, Michaela Steininger 10, Dino Ablakovic 12 b, Kevan O'Meara 14, Olga Vasilkova 16,17,18, Dainis Derics 20 g, George Muresan 20 d, Alberto Perez Veiga PC

Les mots en **caractères gras** figurent dans le glossaire de la page 22.

Catalogage avant publication de Bibliothèque et Archives Canada

Morris, Neil

J'économise l'énergie / Neil Morris ; illustrations de Mark Turner pour Beehive Illustration ; texte français de Claude Cossette.

(Viser vert)

Traduction de: Saving energy.

Niveau d'intérêt selon l'âge: Pour les 7 ans et plus.

ISBN 978-0-545-98755-4

1. Économies d'énergie--Ouvrages pour la jeunesse. I. Cossette, Claude II. Turner, Mark III. Titre. IV. Collection.

TJ163.35.M6714 2009   j333.791'6   C2008-905090-8

Copyright © QED Publishing, 2008.
Copyright © Éditions Scholastic, 2009, pour le texte français.
Tous droits réservés.

Il est interdit de reproduire, d'enregistrer ou de diffuser, en tout ou en partie, le présent ouvrage par quelque procédé que ce soit, électronique, mécanique, photographique, sonore, magnétique ou autre, sans avoir obtenu au préalable l'autorisation écrite de l'éditeur. Pour toute information concernant les droits, s'adresser à QED Publishing, 226 City Road, Londres ECIV 2TT, R.-U., une division de Quarto Group Company.

Édition publiée par les Éditions Scholastic, 604, rue King Ouest, Toronto (Ontario) M5V IEI

5 4 3 2 1   Imprimé en Chine   09 10 11 12 13

Auteur : Neil Morris
Consultante : Bibi van der Zee
Rédactrice en chef : Amanda Askew
Conceptrice : Elaine Wilkinson
Recherche de photos : Maria Joannou
Illustrateur : Mark Turner pour Beehive Illustration
Direction artistique : Zeta Davies

Table des matières

Qu'est-ce que l'énergie?

▲ *Pour diffuser les sons et les images, la télévision a besoin d'**électricité**.*

énergie du Soleil

feuille d'une plante

l'eau est puisée par les racines

L'énergie est la force qui fait bouger ou fonctionner quelque chose. Les voitures et les autobus sont alimentés par une **énergie chimique**, comme l'essence ou le carburant diesel. Les lampes, les ordinateurs et les télévisions fonctionnent à l'électricité. On n'a qu'à actionner un interrupteur pour les mettre en marche.

Le savais-tu?

Les plantes utilisent l'énergie solaire, ou la lumière du Soleil, pour produire de la nourriture. Les humains mangent ensuite cette nourriture — voilà une façon de nous procurer de l'énergie pour alimenter notre corps.

de l'oxygène se libère

Toutes les formes d'énergie proviennent en premier lieu du Soleil, l'étoile de la Terre qui est comme une énorme centrale électrique. Ses rayons envoient de l'énergie sous forme de chaleur et de lumière. Nous transformons cette énergie de manière à pouvoir l'utiliser.

du dioxyde de carbone est absorbé

◄ *Les plantes absorbent la lumière du Soleil qu'elles utilisent avec de l'eau et du dioxyde de carbone pour produire un sucre qui les nourrit. En même temps, elles libèrent de l'oxygène.*

Pourquoi économiser l'énergie?

Il est important que nous fassions des efforts pour économiser le plus d'énergie possible. Nous consommons plus de charbon, de pétrole et de gaz que jamais, si bien qu'un jour il n'y en aura plus.

▲ *Le charbon est une roche noire ou brune. On effectue des travaux de* **minage** *pour l'extraire du sol, puis on le brûle pour produire de l'électricité.*

Le savais-tu?

Le charbon, le pétrole et le gaz naturel sont appelés combustibles fossiles. Ils se sont formés sous terre il y a des millions d'années à partir des restes de plantes et d'animaux préhistoriques.

Lorsque nous brûlons des combustibles fossiles dans les usines et les voitures, nous créons de la **pollution**. L'air devient malsain, ce qui a des effets néfastes sur notre **environnement**.

▲ Les usines évacuent des gaz résiduaires en brûlant des combustibles comme le charbon. Ces gaz polluent l'air.

Les combustibles

▲ *Nous ravitaillons les voitures en carburant comme le pétrole. Ce **combustible** est brûlé à l'intérieur de la voiture et se transforme en une énergie qui la fait rouler.*

Nous brûlons différentes formes de carburant pour faire fonctionner les voitures, les trains, les bateaux et les avions. À la maison, nous pouvons cuisiner et alimenter le chauffage central en brûlant du gaz.

Les **centrales électriques** utilisent du charbon et d'autres combustibles pour produire de l'électricité. Les combustibles sont brûlés, ce qui crée de la chaleur. La chaleur sert ensuite à faire bouillir de l'eau, qui se change en vapeur. Puis, la vapeur fait tourner la roue dans une machine qui produit de l'électricité.

▲ Après avoir produit de l'électricité, l'air chaud est refroidi dans de hautes tours. Ces tours de refroidissement dégagent de la vapeur.

À toi de jouer!

Renseigne-toi pour savoir comment tes amis se rendent à l'école. Y vont-ils en voiture ou en autobus? Ou peut-être économisent-ils l'énergie en marchant ou en roulant à vélo. Et toi, comment te rends-tu à l'école?

L'énergie électrique

Les lignes électriques transportent l'électricité des centrales électriques jusque dans notre voisinage. Puis, des câbles l'acheminent jusqu'aux maisons, aux écoles et aux entreprises. L'électricité est une énergie instantanée. Nous mettons le doigt sur l'interrupteur et elle apparaît!

◀ *Les lignes électriques sont maintenues par de grandes tours appelées pylônes.*

À toi de jouer!

Qu'est-ce qui fonctionne à l'électricité? Dresse une liste des appareils électriques qu'il y a dans chacune des pièces de ta maison.

Les piles sont de petites réserves d'énergie. Elles fournissent de l'énergie pour faire fonctionner jouets, lampes de poche, radios et beaucoup d'autres appareils électriques. Quand elles sont vides, on peut **recharger** certaines piles pour ensuite les réutiliser.

▲ *Ces piles sont à plat. Elles sont placées dans un chargeur branché dans une prise électrique. Cela permet de recharger les piles avec l'électricité.*

On éteint!

▲ *Éteindre la lumière quand nous n'en avons plus besoin permet d'économiser beaucoup d'énergie.*

Une des meilleures façons d'économiser l'énergie est d'utiliser moins d'électricité à la maison. Il est facile d'éteindre les appareils électriques quand nous avons fini de nous en servir.

Les appareils comme la télévision restent souvent en mode veille lorsque tu les éteins avec la télécommande. Ils consomment une petite quantité d'énergie parce qu'ils sont toujours allumés. C'est du gaspillage d'énergie.

▶ *Les télévisions ne devraient pas être éteintes avec la télécommande, car elles demeurent en mode veille. En débranchant une télévision, on économise assez d'énergie par jour pour alimenter une ampoule éconergétique durant six heures.*

Le savais-tu?

Cinq ampoules éconergétiques consomment la même quantité d'électricité qu'une ampoule ordinaire.

Dans le cas d'appareils électriques qui doivent rester sous tension pendant longtemps, on peut économiser l'énergie simplement en n'utilisant pas ces appareils à pleine capacité. Par exemple, lorsqu'il fait froid, tu pourrais mettre un chandail de plus et baisser un peu le thermostat.

▶ *En portant des vêtements chauds à la maison, nous pouvons diminuer le chauffage et ainsi économiser l'énergie.*

Le soleil, le vent et l'eau

▲ Dans un parc d'éoliennes, la force du vent fait tourner les pales des **turbines**. Ce mouvement produit de l'électricité.

L'énergie du soleil, du vent et de l'eau peut aussi être utilisée pour produire de l'électricité. Les panneaux solaires peuvent capter l'énergie du soleil. Le vent peut aussi faire tourner les pales de hautes turbines. Les énormes murs traversant les cours d'eau sont appelés barrages. Ils emmagasinent l'eau pour produire de l'électricité.

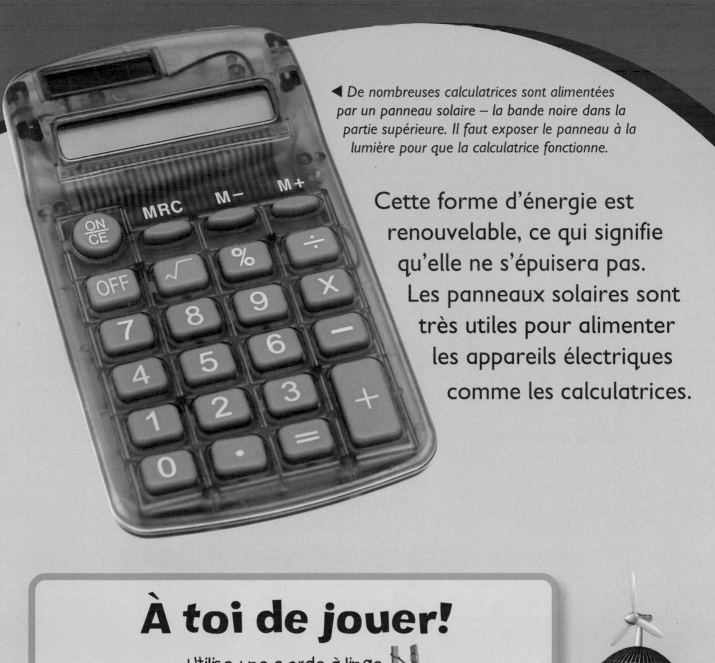

◀ *De nombreuses calculatrices sont alimentées par un panneau solaire — la bande noire dans la partie supérieure. Il faut exposer le panneau à la lumière pour que la calculatrice fonctionne.*

Cette forme d'énergie est renouvelable, ce qui signifie qu'elle ne s'épuisera pas. Les panneaux solaires sont très utiles pour alimenter les appareils électriques comme les calculatrices.

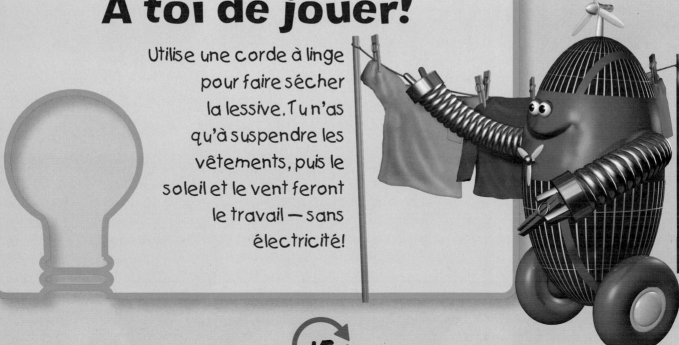

À toi de jouer!

Utilise une corde à linge pour faire sécher la lessive. Tu n'as qu'à suspendre les vêtements, puis le soleil et le vent feront le travail — sans électricité!

La puissance musculaire

Lorsque tu marches ou que tu roules à vélo, tu te sers de ta puissance musculaire pour te déplacer. Tu économises ainsi de l'énergie en ne consommant pas de carburant pour faire fonctionner une voiture ou un autobus. De plus, tu ne pollues pas ton environnement.

◄ Rouler à vélo, marcher et courir sont de bons exercices.

À toi de jouer!

Dessine une carte de ton quartier en indiquant où tu peux rouler à vélo et marcher en toute sécurité. Où pourrait-on créer des pistes cyclables et des sentiers pédestres?

Nos muscles ont besoin de leur propre source d'énergie, tout comme le reste de notre corps. Toute cette énergie provient des aliments que nous mangeons.

◄ *Les aliments nous fournissent de l'énergie. Nous avons besoin d'énergie pour activer nos muscles.*

L'énergie transformée en produits

Il faut de l'énergie pour fabriquer des produits. Par exemple, le pétrole est utilisé pour faire du plastique, de la peinture, des pneus et d'autres produits. L'énergie alimente aussi les machines qui servent à leur fabrication.

▲ On utilise de l'énergie pour fabriquer de la peinture, qui peut aussi contenir du pétrole.

À toi de jouer!

Regarde sur les emballages des aliments à la maison ou au supermarché pour voir d'où ils proviennent. Ces aliments sont-ils locaux ou viennent-ils de très loin?

Il faut de l'énergie pour transporter des marchandises, incluant la nourriture, d'un endroit à un autre. Si nous mangeons des aliments produits localement, moins d'énergie est nécessaire pour apporter la nourriture jusque dans nos épiceries.

▼ Nous pouvons cultiver quelques produits, comme des fruits et des légumes.

Bien au chaud

◄ Une maison conserve mieux sa chaleur lorsque ses murs extérieurs sont garnis d'une épaisse couche de **matériau isolant**.

Il faut de l'énergie pour chauffer un bâtiment, mais elle est gaspillée si trop de chaleur peut s'échapper. Nous pouvons empêcher ce gaspillage en utilisant des couches épaisses de matériau pour isoler une maison.